AF250877

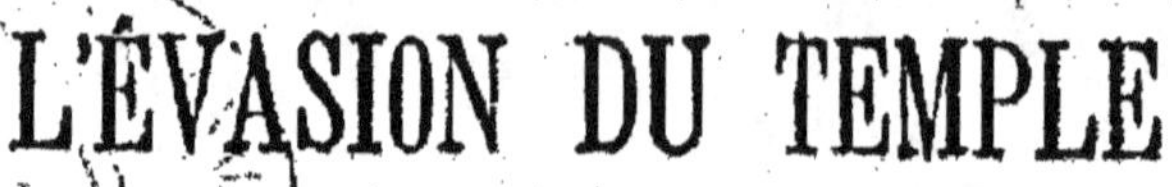

L'ÉVASION DU TEMPLE

DU

DAUPHIN

(LOUIS XVII)

ÉTABLIE PAR L'HISTOIRE

25 CENTIMES

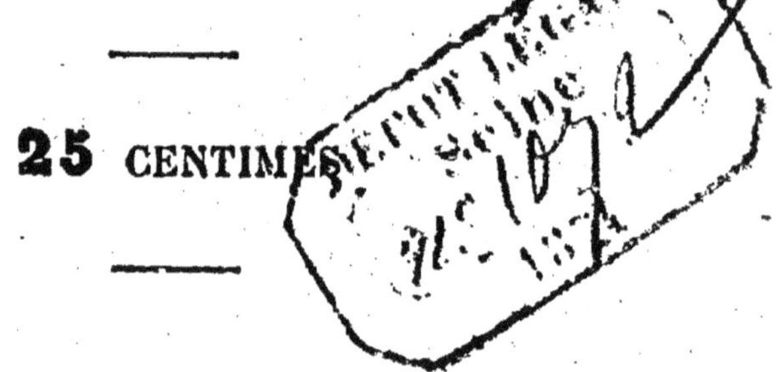

Ib 4636.

PARIS

LE CHEVALIER, LIBRAIRE-ÉDITEUR

61, RUE DE RICHELIEU, 61

1874

Tous droits réservés

L'ÉVASION DU TEMPLE

DU DAUPHIN

(Louis XVII)

ÉTABLIE PAR L'HISTOIRE

I

Il est, dans les annales de la Révolution, un point que les historiens ont peu mis en relief, sur lequel ils n'ont que peu ou point insisté et dont l'importance est cependant considérable : je veux parler de l'antagonisme constant des comtes de Provence et d'Artois contre Louis XVI et de ce qui en est résulté.

Le comte de Provence, dont la supériorité intellectuelle était reconnue même par ses frères, se croyait, par ce motif, plus digne que son aîné de la couronne, et cette pensée fut, dès la mort de Louis XV, le mobile de tous ses actes. Sous couleur de veiller à la sauvegarde des prérogatives de la royauté, il fit opposition à tous les ministres et surtout à ceux qui, par des mesures utiles, pouvaient rendre la souveraineté populaire. D'autre part, il chercha, à plusieurs reprises, à accaparer à son profit cette même popularité, notamment en réclamant pour le tiers-état, en 1788, l'égalité de représentation à l'assemblée des notables. — Après la prise de la Bastille, Monsieur jeta le masque tout à fait et son opposition se changea en une conspiration évidente.

La mort du premier Dauphin (juillet 1789) faisait dépendre la succession directe au trône des chances d'existence d'un enfant de quatre ans, Charles-Louis, duc de Normandie, et rapprochait ainsi Monsieur et de la régence et de la couronne. Celui-ci embrassa alors tout à fait les principes de la Révolution (*Mémoires de Montgaillard*) et, en se mettant *du côté du manche*, devenait le successeur tout désigné de son frère *en cas d'accident*. Malgré cela, dans son impatience, il résolut de hâter les choses, et ourdit contre le roi et les seuls soutiens du trône, Bailly et Lafayette, cette conspiration de Favras, à qui il écrivait le 1er décembre 1789 : « Je ne sais, « Monsieur, à quoi vous employez votre temps « et l'argent que je vous envoie. Le mal empire; « l'Assemblée détache toujours quelque chose « du pouvoir royal. Que restera-t-il si vous différez? Je vous l'ai dit et écrit souvent. Ce « n'est point avec des libelles, des tribunes « payées, quelques malheureux groupes soudoyés qu'on parviendra à écarter Bailly et » Lafayette. Ils ont excité l'insurrection parmi « le peuple, il faut qu'une insurrection les corrige à n'y plus revenir. Ce plan a en outre « l'avantage d'intimider la nouvelle cour et de « décider l'enlèvement du..... Une fois à Metz « ou à Péronne, il faudra bien qu'il se résigne. « Tout ce qu'on veut est pour son bien ! Puis-

« qu'il aime la nation, il sera enchanté de la
« voir bien gouvernée. Renvoyez au bas de
« cette lettre un récépissé de 200,000 francs. »

La conspiration échoua. Favras fut pendu et
désavoué par son complice.

Celui-ci se tint coi jusqu'au voyage de Varennes. Il partit en même temps que le roi,
mais par une autre route, et arriva sans
encombre en Belgique. De ce jour, les événements semblèrent se succéder tous au mieux
des intérêts de Monsieur, qui n'y était sans
doute pas étranger. — Hors de France, il
provoqua la déclaration de Pilnitz, poussa
son frère à rejeter la Constitution de 1791, à
conserver énergiquement les prérogatives
d'une couronne dont il *n'était que dépositaire
et usufruitier*, enfin, à se mettre en guerre
avec la nation, c'est-à-dire avec plus fort que
lui.

Le roi et l'Assemblée intimèrent au *Régent
présomptif* l'ordre de rentrer, et n'en reçurent
qu'une réponse dérisoire et insultante.

Monsieur fut alors déchu de ses droits à la
régence, ses biens furent saisis et sa dotation
supprimée. Il somma alors M. de Breteuil, agent
du roi à l'étranger, de se mettre à ses ordres,
et emprunta deux millions pour armer contre
la nation. Louis XVI désavoua son frère ; mais
peu de temps après, la révolution du 10 août
éclata, et la royauté disparut. Dès lors, tout en
paraissant agir dans l'intérêt du roi, le comte
de Provence se mit exclusivement à travailler
pour son compte.

Ses agents ne furent peut être pas étrangers
aux événements qui suivirent l'emprisonnement de la famille royale au Temple. Car,

dans la séance de la Convention dont le n° 34 du *Moniteur* (4 brumaire an III, 23 octobre 1794) donne le compte rendu, Cambon dit à la tribune : ..... « Le système de terreur n'est pas « né de nos jours. Il avait précédé l'ouverture « de la Convention. On voulait forcer l'Assem- « blée législative à prononcer la déchéance, « parce qu'on voulait substituer à Louis Capet « un homme dont la conduite ne méritait pas « les regards du dernier des hommes.

« L'Assemblée législative résista. Elle ap- « pela au peuple et lui transmit le jugement de « cette affaire par la convocation d'une Con- « vention. Bientôt cette assemblée fut attaquée « par tous les moyens. Une époque du 2 sep- « tembre fut organisée... Les calomnies se « multiplièrent contre l'Assemblée législative. « On la menaça publiquement. On voulait la « forcer à quitter les rênes du gouvernement. « Nous avions parmi nous les 400 qui n'avaient « pas voté contre Lafayette. On les insultait, « on voulait les assassiner. Voilà de quelle « époque date la Terreur. »

Tallien monta ensuite à la tribune : « J'in- « voque ici, dit-il, le témoignage du frère de « Bourdon. Qu'il dise s'il n'est pas vrai que « les assassins voulurent se jeter sur moi « lorsque je m'opposai à ce qu'ils allassent « au Temple, et que je leur dis qu'ils me pas- « seraient sur le corps avant que de violer le « dépôt que l'Assemblée nationale avait confié « à la Commune de Paris. »

Louis XVI fut mis en jugement et, dit la *Biographie universelle des Contemporains*, « Ro- bespierre fut le continuel promoteur des me- sures violentes contre la royauté. L'im-

« pression que ses discours laissèrent décida
« le sacrifice du 21 janvier. »

Louis XVI mourut avec fermeté et son exé-
cution inspira au rédacteur républicain de la
Gazette nationale les réflexions suivantes (n° du
23 janvier 1793) : « Il est difficile de penser
« qu'il (le roi) a pu être assez content des puis-
« sances belligérantes, de ses frères et de cette
« noblesse aussi plate qu'impuissamment re-
« belle pour n'avoir cherché qu'à mériter leurs
« suffrages. En effet, qu'ont-ils fait pour lui
« depuis que la mort planait sur sa tête ? Y a-
« t-il un seul témoignage d'intérêt, l'offre d'un
« seul sacrifice ? Ils n'ont pas même eu l'hypo-
« crisie de la sensibilité et ils n'agissaient que
« pour ses intérêts ! »

Le roi mort, le comte de Provence prit aus-
sitôt le titre de régent au nom de Louis XVII,
captif au Temple, et fut reconnu par toutes les
puissances étrangères et la Vendée, excepté
pourtant par l'Autriche qui réclamait la régence pour la reine.

Le 9 juillet 1793, Louis XVII fut séparé de
sa mère et commis à la garde des époux Simon,
et en octobre, la mort de Marie-Antoinette,
désapprouvée par Danton comme un obstacle
à la paix, fut encore l'œuvre de Robespierre
et de ses complices (27 mars 1793. Proposition
de Robespierre de juger la reine et de main-
tenir Louis XVII en prison). Ceux-ci sem-
blaient ainsi vouloir écarter les obstacles des
projets du prince Xavier. « Nous verrons bien, »
dit celui-ci en apprenant la mort de sa belle-
sœur, « si la cour de Vienne me refusera
« encore la régence. »

Cependant un mouvement d'opinion très-marqué commençait dès la fin de 1793 à se produire en faveur du royal orphelin, dont la garde fut dès lors pour le gouvernement une cause de difficultés et d'embarras qu'on résolut de faire cesser. Le 19 janvier 1794, le conseil de la Commune, où Robespierre régnait en maître, donna au couple Simon décharge du prince *reconnu en bonne santé*, et l'on plaça celui-ci sous la surveillance de commissaires de garde à tour de rôle. Des persécutions et une négligence systématiques firent alors décliner la santé de l'enfant, qui eût succombé si le 9 thermidor ne fût venu mettre fin à ce régime.

Le service que la conduite de Robespierre faillit rendre au Régent n'était pas le seul. Dans le compte rendu fait par Courtois à la Convention, en décembre 1794, des papiers que l'on put saisir chez Robespierre (beaucoup de pièces avaient disparu au rapport de Rovère, séance du 20 frimaire, an III), on trouva les preuves d'une conspiration évidente du dictateur contre la Représentation nationale. Celle-ci devait être remplacée par un décemvirat, « plus facile à renverser, dit l'orateur, qu'une « assemblée de sept cents membres. » Le comte de Provence se rappela plus tard celui qui avait tant travaillé pour lui : « Napoléon, dit la *Biographie universelle* de Michaud (art. Charlotte Robespierre), donna à Char- « lotte Robespierre une pension de 3,600 fr. « Cette pension fut réduite de moitié sous la « Restauration. On s'attendait avec quelque « raison à la voir tout à fait supprimée, et l'on « n'apprit pas sans étonnement que c'était par « ordre de Louis XVIII lui-même que cette

« pension avait été conservée. On ne la sup-
« prima entièrement qu'en 1823, sans que l'oh
« sache pour quelle cause. Sous Charles X elle
« fut rétablie. »

II

Le 11 thermidor, Barras, accompagné de trois membres de la Convention nationale, alla visiter les prisonniers du Temple et les confia aux soins d'un sieur Laurent, qui les traita bien, de l'aveu même de la duchesse d'Angoulême, et des soins attentifs réparèrent le mal que la négligence et la malveillance avaient pu causer.

Mais la conservation de pareils otages était pour le gouvernement la source de complications sans nombre. Outre les conspirations pour l'enlèvement du Dauphin, qui se succédaient depuis plus d'un an, la paix devenait impossible avec les partis et avec les puissances. De plus une mort accidentelle pouvait donner prise à de graves accusations contre le pouvoir, le rendre odieux et le discréditer. Un décret d'expulsion résolvait toutes les difficultés et présentait de plus cet avantage de diviser le parti royaliste en deux coteries, celle du roi, celle du régent, et de mettre à néant les résultats de l'œuvre de Robespierre,

Duhem avait fait une proposition dans ce sens (*Moniteur* du 21 septembre 1794, n° 365) : « Il y a longtemps, dit-il à la tribune, que je « demande pourquoi il existe parmi nous un « point de rassemblement pour l'aristocratie, « comme si un peuple qui a eu le courage de

« conquérir sa liberté, d'envoyer son tyran à
« l'échafaud, pouvait conserver encore dans
« son sein un rejeton héritier présomptif de la
« royauté...

« Que les comités s'occupent donc de la
« question de savoir si nous ne devons pas
« pas vomir loin de nous non-seulement ces
« rejetons, mais encore toute cette famille
« infernale des Capet et tous ceux qui y adhè-
« rent... — Non, dit-il encore, ce n'est point
« du sang que je veux, c'est l'expulsion de nos
« ennemis.....

Trois mois plus tard, Lequinio fit une motion
identique (*Moniteur* du 10 nivôse an III, n° 100) :
« Jamais vous n'imposerez silence aux roya-
« listes si vous ne leur ôtez la seule espérance
« qui leur reste, je veux parler du dernier
« rejeton de la race impure du tyran qui est
« au Temple. On a déjà demandé l'expulsion
« de cet enfant. Je demande que vos comités
« de gouvernement prennent des mesures et
« vous présentent les moyens de purger le sol
« de la liberté du seul vestige de royalisme qui
« y reste. »

D'autre part il fallait compter avec l'opinion.
Le peuple tout entier conservait encore une
haine profonde pour la royauté et ne voulait
point, en se dessaisissant du prisonnier, ren-
voyer aux émigrés un roi, un objectif, un dra-
peau qui eût rendu plus efficace et plus effectif
l'appui de l'étranger.

C'est en vue de rassurer le public sur les
bruits d'évasion qui commençaient à courir
alors, que Mathieu, membre du comité de sûreté
générale fit le rapport suivant (*Moniteur* du
14 frimaire an III, n° 74) : « Citoyens, je viens

« au nom du comité de sûreté générale donner
« le démenti le plus formel au récit calomnieux
« et royaliste inséré depuis plusieurs jours
« dans des feuilles publiques et répété avec
« une sorte d'affectation au moins très-répré-
« hensible. Le comité y est représenté comme
« ayant donné des instituteurs aux enfants de
« Capet enfermés au Temple et porté des soins
« presque paternels pour assurer leur existence
« et leur éducation. Voici le journal et l'article
« dont les autres périodistes n'ont été que les
« trop dociles échos. C'est le *Courrier universel*
« du 6 frimaire, rédigé par Nicolle et Poutjade :
« le fils de Louis XVI, dit-il, profitera aussi de
« la révolution du 9 thermidor. On sait que cet
« enfant avait été abandonné aux soins du
« cordonnier Simon, digne acolyte de Robes-
« pierre dont il a partagé le supplice. Le comi-
« té de sûreté générale, persuadé que pour être
« fils d'un roi on ne doit pas être dégradé au-
« dessous de l'humanité, vient de nommer
« trois commissaires, hommes probes et éclairés
« pour remplacer le défunt Simon. Deux sont
« chargés de l'éducation de cet orphelin ; le
« troisième doit veiller à ce qu'il ne manque
« pas du nécessaire *comme par le passé.* — Le
« premier devoir du comité, pour écarter cette
« fable du royalisme, est de présenter à la
« Convention un récit simple des mesures par
« lui prises pour assurer le service du Temple
« et la garde des enfants du tyran.
« A l'époque du 9 thermidor, un nouveau
« gardien avait été placé au Temple par le
« comité de salut public. Un seul gardien a,
« depuis, paru insuffisant au comité de sûreté
« générale. Un citoyen d'un républicanisme

« éprouvé fut demandé à la commission de
« police administrative de Paris ; indiqué par
« elle, il fut adjoint au premier pour remplir
« cette fonction et, comme aux yeux des
« hommes prévenus ou ombrageux la perma-
« nence de deux individus au même poste peut
« éveiller l'idée d'une séduction possible, avec
« le temps, pour compléter et assurer d'autant
« mieux la détention des enfants du tyran, le
« comité arrêta que, chaque jour et successi-
« vement, l'un des comités civils des quarante-
« huit sections de Paris fournirait un membre
« pour remplir pendant vingt-quatre heures les
« fonctions de gardien, concurremment avec
« les deux nommés à poste fixe. Le comité a
« regardé cet ensemble de mesures comme
« nécessaire pour ôter au récit fabuleux tout
« air de vraisemblance, et à la malveillance,
« soit active, soit calomniatrice, tout prétexte
« de plaintes ou d'agitations.

« Pour la partie militaire du service de ce
« poste, le comité de sûreté générale s'est con-
« certé avec le comité militaire. Plusieurs re-
« présentants l'ont visité et les deux Comités
« se sont assurés que le service s'y faisait avec
« exactitude et ponctualité. Par cet exposé l'on
« voit que le comité de sûreté générale n'a eu
« en vue que le matériel d'un service confié à
« sa surveillance, qu'il a été étranger à toute
« idée d'améliorer la captivité des enfants de
« Capet ou de leur donner des instituteurs. Les
« comités et la Convention savent comment
« l'on fait tomber la tête des rois, mais ils
« ignorent comment on élève leurs enfants. Si
« le royalisme voulait élever la voix, il serait
« à l'instant anéanti pour en ôter la pensée

« aux ennemis de la chose publique et pré-
« venir les conspirations qui trop souvent sont
« le produit de la faiblesse des gouvernements.

« Le comité doit annoncer qu'il a pris, dans
« cette circonstance, des mesures contre les
« coupables et qu'il saura, fidèle aux principes,
« faire respecter les lois et le gouvernement, et
« empêcher que l'on ne provoque une perfide
« pitié sur les restes de la race de nos tyrans,
« sur un enfant orphelin auquel il semble que
« l'on voudrait créer des destinées. »

Le premier gardien auquel Mathieu fait
allusion est Laurent, cité plus haut. Celui qui
lui fut adjoint est un sieur Gomin, entré en
fonctions le 9 novembre 1794 (19 brumaire an
III). Le 11 germinal suivant (31 mars 1795),
Laurent fut remplacé par un sieur Lasne. Lasne
et Gomin ne quittèrent plus le prince.

Le 20 avril 1795, le fils de Louis XVI tomba
malade. L'illustre médecin Desault, qui le con-
naissait déjà, fut appelé et s'adjoignit Choppart, apothicaire. Mais le 4 juin, Desault
mourut subitement et Choppart mourut aussi
le lendemain. Ces deux décès parurent
étranges : « L'on pensa généralement, dit
la *Biographie universelle des Contemporains*,
« que Desault avait été empoisonné pour
« ensevelir avec lui un important secret. »
La *Biographie universelle* de Michaud, par
une phrase décousue et ambiguë et qui
semble une échappatoire à une objection
dangereuse, cherche à donner le change
sur les causes de la mort du célèbre chirur-
gien et à ramener l'attention sur la maladie
du Dauphin : « Desault, dit-elle (article
« Louis XVII, suppl.) mourut peu de jours

« après et cette circonstance donna lieu à beau-
« coup de conjectures. Cependant il est aujour-
« d'hui prouvé qu'il n'y avait dans la maladie
« de l'enfant royal aucun effet de poison. »

Il n'est pas admissible que Desault, comme
on le donne à entendre ici, ait été pour quelque
chose dans la mort du Dauphin.

*Quel intérêt avait-on à faire disparaître De-
sault et Choppart, sinon parce que ces deux
hommes, ayant déjà vu le Dauphin, avaient décou-
vert un fait dont la révélation pouvait compro-
mettre aux yeux du public et embarrasser grave-
ment ceux qui avaient affiché un redoublement de
sévérité et de vigilance dans la garde du Temple !*

Les docteurs Pelletan et Dumangin qui, eux,
n'avaient jamais vu le Dauphin, d'après leur
propre témoignage, remplacèrent Desault et
Choppart; mais malgré leurs soins, l'enfant
mourut le 8 juin 1795, et le lendemain Sevestre, au nom du comité de sûreté générale,
annonça cet événement à la Convention.

Quatre jours après seulement, c'est-à-dire
le 12, l'acte de décès fut dressé et se terminait
ainsi :

« Sur la déclaration faite à la maison com-
« mune par Et. Lasne, âgé de 39 ans, gardien
« du Temple, domicilié à Paris, rue et section
« des Droits de l'Homme, n° 48.

« Le déclarant a dit être voisin.

« Et par Remi Bigot, employé, domicilié
« à Paris, rue Vieille-du-Temple, 61.

« Le déclarant a dit être ami.

« Vu le certificat de Dusser, commissaire de po-
« lice de ladite section, du 22 de ce mois (10 juin).

« *Signé* : Lasne, Bigot et Robin, officiers
« publics. »

La veille avait eu lieu l'autopsie du corps, dont l'acte fut signé par les professeurs Pelletan, Dumangin, Jeanroy et Lassus. On y remarque ces phrases : ..... « Parvenus au « deuxième étage (du Temple), dans un appar- « tement dans la seconde pièce duquel nous « avons trouvé dans un lit le corps mort d'un « enfant qui nous a paru âgé de dix ans, *que* « *les commissaires nous ont dit être celui du défunt* « *Louis Capet et que deux d'entre nous ont recon-* « *nu pour être l'enfant auquel ils donnaient des* « *soins depuis quelques jours*..... *Tous les désor-* « *dres dont nous venons de donner le détail sont* « *évidemment l'effet d'un vice scrofuleux existant* « *depuis longtemps et auquel on doit attribuer la* « *mort de l'enfant,*..... »

Ces deux pièces, les seules qui restent pour attester la mort de Louis XVII, présentent de si étranges irrégularités et de telles contradictions que, de leur examen attentif, naquirent, dès-lors, sur ce décès, des doutes et des dénégations qu'on ne put jamais réfuter. Aucune réponse, aucune explication n'a pu être donnée aux objections suivantes : 1° Pourquoi l'acte de décès a t-il été dressé seulement quatre jours après la mort de l'enfant? 2° Pourquoi a-t-il été signé de Lasne, *dernier gardien entré en fonctions, se qualifiant voisin et domicilié hors du Temple? et pourquoi Gomin, son collègue, ne l'a-t-il pas signé?* 3° Pourquoi n'a-t-il pas été signé, après constatation *de visu*, par la sœur du prince? 4° Pourquoi a-t-on requis comme témoins deux nouveaux venus, Lasne et Bigot? et pourquoi le commissaire de section délégué le 8 juin, témoin des derniers moments du malade, n'a-t-il pas signé? 5° Pourquoi la minute de cet acte n'a-t-elle jamais pu être trouvée ni aux archives ni ailleurs? 6° Pourquoi l'acte d'autopsie porte-t-il que l'enfant a succombé par suite d'un vice scrofuleux *existant depuis longtemps*, alors que, seize mois auparavant, les époux Simon l'avaient rendu à la Commune *en bonne santé*, alors que l'on sait pertinemment que Louis XVII, né d'un père sanguin et d'une mère rien moins que lymphatique, n'avait nullement hérité d'un vice scrofuleux qui n'existait pas dans sa famille et dont son frère et sa sœur n'offraient pas trace? 7° Pourquoi l'acte d'autopsie, lui aussi, a-t-il disparu des archives et n'existe-t-il qu'en copie? Cette pièce présentait-elle donc, ainsi que l'autre, des particularités gênantes qui ont motivé sa suppression?

Par une autre singularité non moins inexplicable que les autres, le corps du prince fut enterré dans quatre endroits différents : 1° A Clamart (Peuchet, *Mémoires de tous.*) 2° Au pied de la tour du Temple (*Mémoires du comte d'Andigné*, cité par M. de Beauchesne, 5ᵉ édit. de l'*Histoire de Louis XVII*, p. 355). 3° Au cimetière de Sainte-Elisabeth, où des fouilles faites en présence de Fouché et de Savary amenèrent la découverte *d'un cercueil vide* (*Mémoires de Napoléon*, t. Iᵉʳ, p. 211). 4° Au cimetière de Sainte-Marguerite, où Louis XVIII ordonna de faire des recherches qui restèrent sans résultat. (*Biographie universelle des Contemporains*, art. Louis XVII.)

Le diagnostic médical de l'acte d'autopsie, ne pouvant s'appliquer au Dauphin, prouve qu'une substitution avait eu lieu, tout au moins avant le 31 mars 1795. D'autre part, les précautions prises pour empêcher toute vérification ultérieure d'un décès annoncé publiquement, et dérouter les recherches (alors que le roi et la reine avaient été tout simplement inhumés dans le cimetière de la Madeleine) viennent corroborer l'hypothèse d'un enlèvement.

Soustraire le Dauphin à la surveillance dont il était l'objet n'était certes pas chose facile, et eût été impossible sans la connivence tacite du comité de salut public et de plusieurs conventionnels : « Cormatin, dit Roux de la « Marne au Conseil des Cinq-Cents (22 fri- « maire an IV — 1er décembre 1795 — *Moni- « teur*, n° 89), prétend que le Comité de salut « public s'était engagé avec lui à faire trans- « férer le jeune Capet et sa sœur à Saint- « Cloud, pour de là les faire passer en « Vendée. »

Louis XVII fut effectivement amené en Vendée, en même temps que le comte de Provence, à l'annonce du rapport de Sevestre, prenait le titre de roi sous le nom de Louis XVIII : « A « cette époque, dit la *Biographie universelle* de Michaud, mourut l'enfant - roi appelé « Louis XVII, et le régent dut lui succéder sous « le nom de Louis XVIII. *Enfin, il ceignit cette* « *couronne qu'il avait si longtemps désirée, qu'il a* « *nommée avec raison une couronne d'épines, mais* « *dont cependant jamais il ne consentit à se dessai-* « *sir*..... A l'armée de Condé, il passa quelques « revues et là il reprit *son rôle de roi qu'il ché-* « *rissait par dessus tout.*

L'indice de la disparition du jeune roi ressort de l'extrait d'une lettre de Vevey, insérée au *Moniteur* (14 floréal, 3 mai 1795, n° 224), et confirmée par une lettre de Sion, du 26 avril : « Depuis quelques jours, les émigrés lèvent la « tête. Ils répandent que le petit Capet sera « proclamé roi, que toute la France arborera la « cocarde blanche ! On ne punira que quelques « chefs militaires, nommément Pichegru, etc... » La conduite des émigrés, qui ne manquaient pas d'agents à Paris, eût été une fanfaronnade maladroite et inepte, s'ils n'avaient pas basé leur espoir sur une certitude.

La présence du prince dans l'ouest est rendue évidente par le fait suivant : Après Quiberon (27 juin 1795), Monsieur (le comte d'Artois) voulut aller en Vendée ; mais ses agents lui ayant dit qu'il était mal vu, le général Charette lui fit parvenir la lettre suivante : « La perte de M. de Sérant dégoûtera Monsieur « de venir parmi nous, et cependant il doit « craindre que nous ne soyons pas assez forts « pour soutenir les droits de son frère *contre* « *tant de gens qui préféreront un autre monarque.* « Tout annonce le vœu général pour le retour « d'une monarchie; *mais rien n'indique que* « *Louis XVIII soit le monarque désiré.* » — Vers quel autre monarque que les deux frères de Louis XVI pouvaient se tourner les vues des Vendéens ? Louis XVII était le seul qui représentât la légitimité et, à une pareille date, les vœux des insurgés ne pouvaient se tourner vers un prince mort, mais vers un rejeton royal qu'ils savaient exister et dont les droits primaient ceux du comte de Provence. C'est très-probablement en Vendée que le général Hoche connut l'existence du fils de Louis XVI : « Hoche fréquenta alors son salon (à José-

« phine de Beauharnais) et, au dire des anno-
« tations des mémoires de Joséphine, *lui révéla,*
« *peu avant sa mort, un secret fameux en l'invi-*
« *tant à ne point négliger d'en faire usage quand*
« *les circonstances pourraient le lui permettre.* »
(*Biographie universelle* de Michaud, art. Joséphine. — Note.)

Cette note est éclaircie et confirmée de tous
points par cette phrase des *Mémoires de Na-
poléon Ier*, t. Ier, p. 211. « Joséphine, dès
« l'époque de notre mariage, me parut con-
« vaincue de l'exactitude de ce second récit
« (enlèvement du Dauphin du *consentement des*
« *comités*). Elle se croyait très-avant dans
« cette intrigue et m'en parla avec bonne foi
« en me désignant à qui le prince avait été
« remis, en quel lieu on le cachait et en quel
« temps on le ferait reparaître. »

A tous les témoignages, à toutes les probabi-
lités sur lesquelles s'appuie la certitude de
l'évasion du Dauphin, et que je viens de produire, viennent encore s'ajouter les faits sui-
vants qui corroborent la fausseté et l'irrégu-
larité de l'acte de décès du 9 juin :

1° Louis XVIII refusa du docteur Pelletan le
cœur que celui-ci lui présenta comme étant
celui du fils de Louis XVI.

2° Louis XVIII ne fit jamais comprendre le
Dauphin dans les services funèbres célébrés
pour le repos de l'âme de son frère et de
Marie-Antoinette.

3° Louis XVIII ne fit opérer de recherches
pour retrouver le corps du Dauphin que dans
un seul endroit et ne fit point rechercher au
Temple le cadavre d'enfant enseveli dans de la

chaux et que l'on affirma au comte d'Andigné être celui du Dauphin.

4° Dans le procès de l'imposteur Richemont, le docteur Rémusat déposa qu'en 1815, dans un hôpital, la veuve du cordonnier Simon lui dit que le Dauphin n'était pas mort.

5° M. Bremond, secrétaire particulier de Louis XVI, dit positivement en 1815 que le gouvernement autrichien possédait le procès-verbal même de l'enlèvement du Temple du jeune Dauphin.

Où alla Louis XVII après la pacification de la Vendée? On perd sa trace dans l'histoire. Il est certain, toutefois, qu'il disparut de la scène politique et que Louis XVIII fut reconnu sans conteste par les légitimistes et les puissances, l'Autriche, entre autres, qui jusque-là lui avait toujours refusé le titre de roi et l'avait fait même chasser de l'armée austro-royaliste par les hulans de Wurmser.

III

L'existence de Louis XVII était, dès cette époque, un fait accepté par l'opinion publique avec laquelle se trouvait en parfaite concordance l'apparition de faux Dauphins. Dès 1799, un imposteur nommé Hervagault se donna pour le fils de Louis XVI. Il fit beaucoup de dupes; mais, poursuivi à plusieurs reprises pour usurpation d'État, il fut convaincu de fraude, condamné, et finit ses jours en 1812 à Bicêtre, où Napoléon l'avait fait enfermer comme fou.

En 1816, un paysan, nommé Mathurin Brunaud, se donna pour Louis XVII. Traduit en 1818 devant le tribunal de Rouen, il fut condamné, pour usurpation d'état et escroquerie, à cinq ans de prison où ce grotesque personnage mourut comme son prédécesseur.

Dans cette même année 1818, un autre aventurier, nommé Hébert, dit Richemont, voulut également se faire passer pour le Dauphin et soutint un peu mieux son rôle que les précédents. Après plusieurs transformations et aventures, il fut, en 1833, traduit en cour d'assises pour usurpation d'Etat. Les contradictions et les dépositions des témoins le firent convaincre d'imposture et condamner à la prison. Enfermé à Sainte-Pélagie, on l'en fit évader, et il mourut tranquillement en France, à Gleyzie (Rhône), en 1855.

Les tentatives des autres fripons, Persat, Fontolive, Williams, passèrent inaperçues, et, comme les précédents, allèrent échouer au tribunal et ne purent jamais résister à une sérieuse enquête. Il me reste à parler d'un autre personnage qui, lui aussi, revendiqua le titre de duc de Normandie et qu'on ne peut classer parmi les aventuriers précités. L'histoire de Charles-Guillaume Naundorf est en effet toute différente et fort singulière.

Il parut en Prusse en 1810. Quelle était son origine? La police prussienne elle-même ne le savait point. Il n'était point, comme on l'a dit d'après une calomnie, issu d'un juif polonais. Une pièce officielle signée du ministre Rochow l'atteste formellement. Naundorf s'établit horloger à Spandau en 1812 et, pour l'obtention des droits de bourgeoisie et de patente, fut dispensé des formalités légales. Tous ses papiers, du reste, avaient été saisis et déposés aux archives de Prusse, où ils sont encore.

En 1815, il commença à revendiquer auprès de la famille royale de France le titre de duc de Normandie, et à partir de cette époque de violentes persécutions commencèrent contre lui. Accusé d'incendie et d'escroquerie, il fut reconnu innocent et s'en alla à Crossen. Là, il reprit ses démarches auprès de Charles X et de la duchesse d'Angoulême et les continua même après 1830. Il résolut alors de s'adresser aux Chambres françaises pour demander justice. Averti que le gouvernement prussien, après avoir saisi ses papiers, devait le faire arrêter, il quitta furtivement la Prusse et s'enfuit en Saxe d'où on l'expulsa.

Il partit alors pour Strasbourg et alla à Nantes pour se mettre en rapport avec la duchesse de Berry. Mais, chassé de France, il alla en Suisse d'où on le fit sortir. Il vint alors à Paris.

Ses démarches devenant de plus en plus pressantes auprès de la famille royale exilée, il fut, le 28 janvier 1834, frappé par deux assassins qui ne furent jamais découverts et jamais punis. Sauvé comme par miracle, Naundorf résolut alors de recourir aux tribunaux, et assigna le duc et la duchesse d'Angoulême et consorts pour se faire reconnaître comme fils de Louis XVI. Justice fut refusée ; le demandeur fut incarcéré sans jugement, et le conseil d'État, devant lequel il s'était pourvu, ayant reporté la compétence sur la haute police, le malheureux prétendant fut embarqué de force pour l'Angleterre.

Une fois parti, on lui intenta un procès en escroquerie et usurpation d'état. Mais l'instruction fut subitement arrêtée, et trois ans plus tard, à l'audience du 15 janvier 1841, l'accusation était mise à néant, et Naundorf déclaré *non coupable d'usurpation d'état.*

A Londres, Naundorf écrivit et publia le récit de ses infortunes.

Son livre fut saisi et interdit en France. En même temps, sa famille, chassée de Saxe, fut obligée de se réfugier en Suisse.

Enfin Naundorf portait sans doute ombrage à de puissants personnages, car une nouvelle tentative d'assassinat eut lieu, en 1838, contre lui, et resta impunie. Trois ans après, on voulut le faire sauter et brûler vif dans son laboratoire.

Il résolut alors d'aller offrir à la Suisse ses inventions pyrotechniques. Arrêté en Hollande, il eut à subir de nouvelles avanies. Mais ayant fait accepter ses inventions au gouvernement, il allait s'établir dans le pays lorsqu'il mourut à Delft, empoisonné, le 10 août 1845.

Le gouvernement Néerlandais, qui avait en sa possesssion les papiers de Naundorf, eut sans doute de bonnes raisons pour le reconnaître comme fils de France, car il autorisa son inscription comme tel sur les registres mortuaires de Delft et permit que son épitaphe lui donnât le même titre.

En 1851, la femme et les enfants de Naundorf poursuivirent en justice leur réclamation d'état. Le tribunal, sans même donner défaut contre les défendeurs cités à l'audience, et sans même délibérer d'après les faits débattus, rendit un jugement dont le principal considérant était la presque complète ignorance de Naundorf dans notre langue jusqu'en 1832, et qui les déboutait de leur demande. Appel de cette décision vient d'être interjeté par les héritiers de Naundorf, et la révision de l'arrêt des premiers juges aura lieu prochainement en audience solennelle.

En résumé, toute cette affaire de Louis XVII est fort curieuse et n'a point dit son dernier mot. Ce qui est absolument certain, c'est que de puissants personnages ont eu intérêt à faire disparaître les preuves de l'existence du duc de Normandie après le 8 juin 1795, et même à reléguer cette question dans l'ombre, le doute et l'oubli, car non-seulement toutes les pièces qui s'y rapportaient ont disparu des archives, mais encore les deux seuls documents y relatifs qui subsistent encore ne sont même pas en minutes originales.

Horace EDMÉE.

Janvier 1874.

Paris. — Imp. Dubuisson et Ce, rue Coq-Héron, 5.

BIBLIOTHEQUE NATIONALE DE FRANCE

3 7531 01418103 7

www.ingramcontent.com/pod-product-compliance
Lightning Source LLC
Chambersburg PA
CBHW051416060726
47596CB00005B/2249